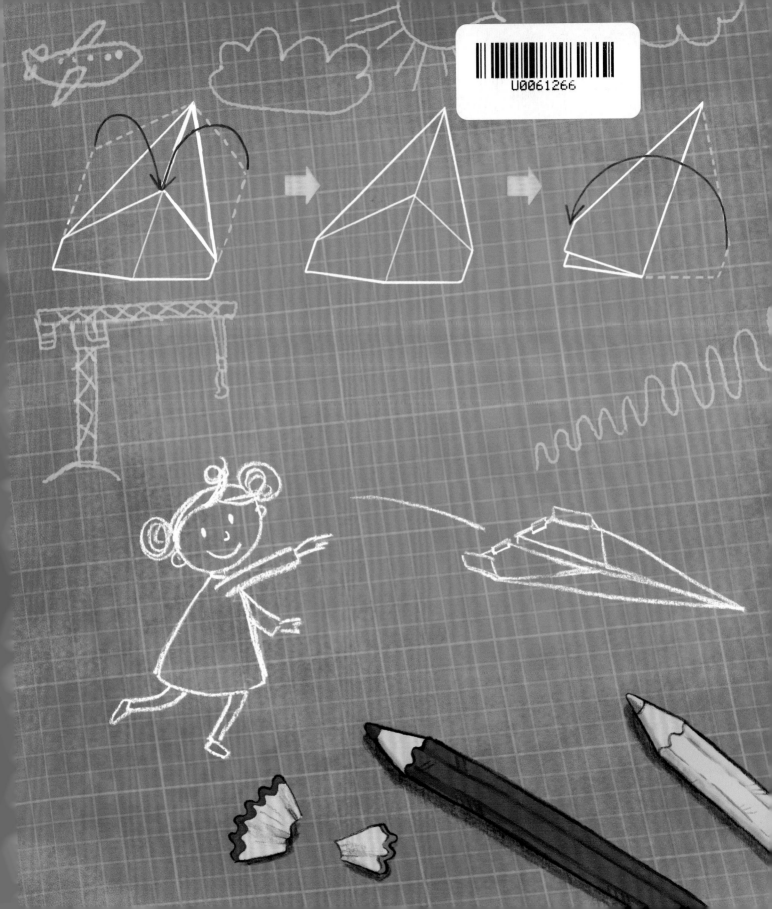

夢想STEAM職業系列

我是未來工程師

辛妮・索馬拉博士　著

嘉芙蓮・科　協作

納迪婭・薩雷爾　繪

新雅文化事業有限公司
www.sunya.com.hk

莎拉對一切事物都非常好奇！今天早上，她在睡房看見窗外有一架飛機飛過，令她**決心**製造一架自己的飛機。

她摺的紙飛機往上爬升⋯⋯

在空中盤旋了一秒⋯⋯

便很快
墜落
在地上。

莎拉的外婆在房門外現身。「我可以試試看嗎？」她問。

外婆的手指靈巧地摺紙，就像施加了**魔法**一樣⋯⋯

……然後紙飛機**一路順暢地**飛越了莎拉的睡房！

「外婆你是怎樣做到的？」
莎拉問。
「我遲一點示範給你
看吧。」外婆說，「現在，
我們有事情要做呢！」

「為什麼我們要乘坐升降機呢？」莎拉走進升降機後就問。
「因為爬樓梯真的很累呀！」外婆說，「升降機
會直接帶我們到想去的樓層，讓我們不用消耗
太多能量。」

「可是升降機是如何運作的呢？」

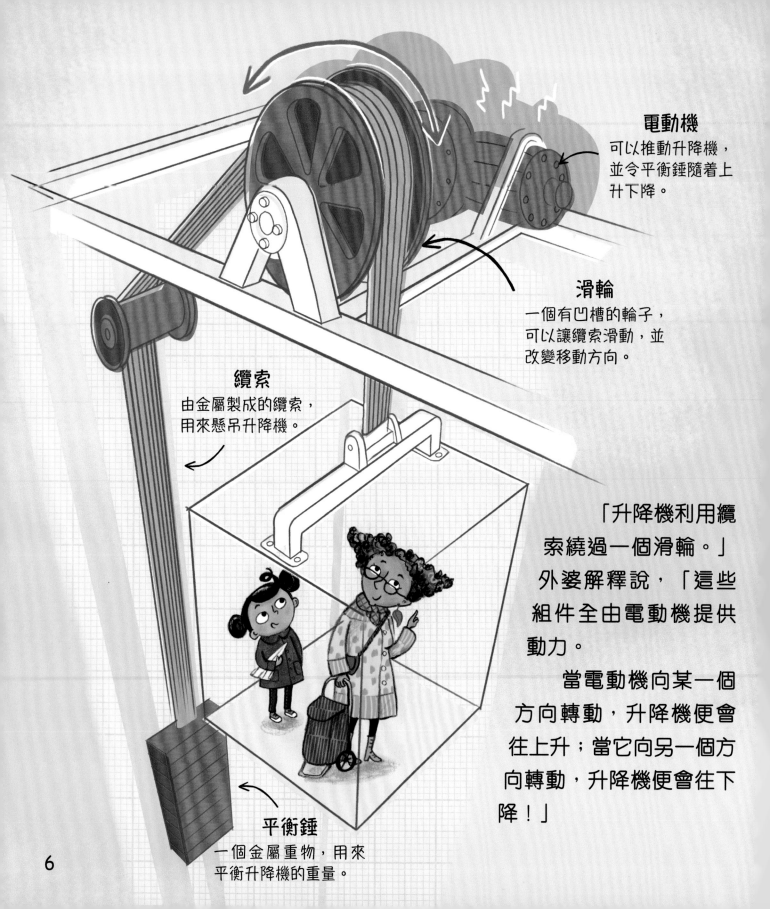

電動機
可以推動升降機，並令平衡錘隨着上升下降。

滑輪
一個有凹槽的輪子，可以讓纜索滑動，並改變移動方向。

纜索
由金屬製成的纜索，用來懸吊升降機。

平衡錘
一個金屬重物，用來平衡升降機的重量。

「升降機利用纜索繞過一個滑輪。」外婆解釋說，「這些組件全由電動機提供動力。

當電動機向某一個方向轉動，升降機便會往上升；當它向另一個方向轉動，升降機便會往下降！」

在大樓外，另一架
飛機正在起飛。

那飛機的體積很**龐大**，與外婆那飛越莎拉睡房的
紙飛機相比，它看起來非常沉重！

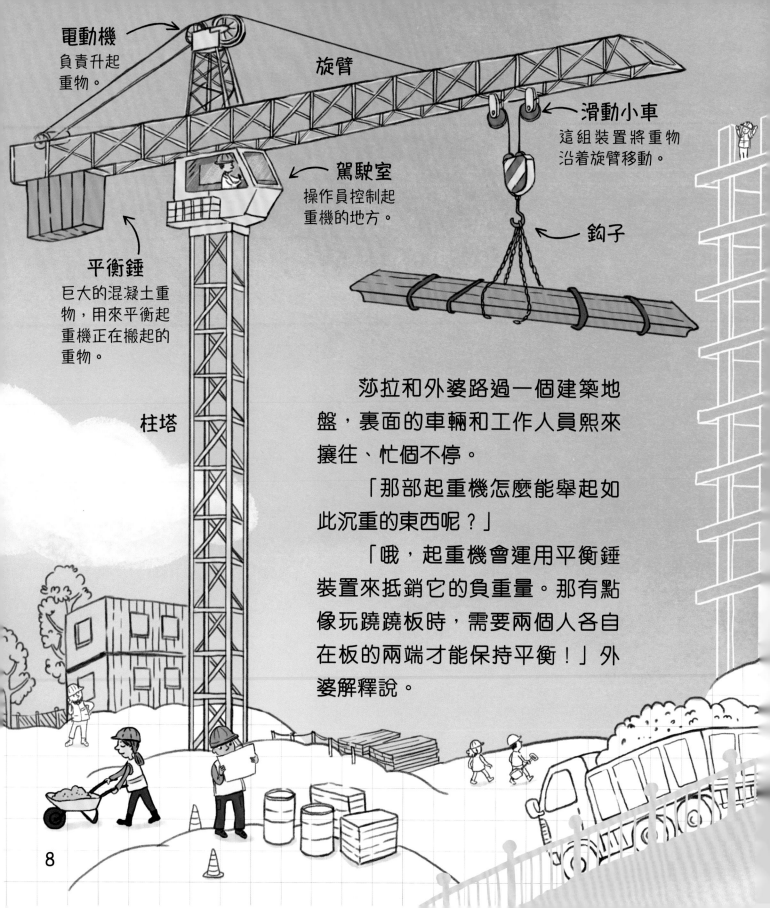

電動機
負責升起重物。

旋臂

滑動小車
這組裝置將重物沿着旋臂移動。

駕駛室
操作員控制起重機的地方。

鈎子

平衡錘
巨大的混凝土重物,用來平衡起重機正在搬起的重物。

柱塔

　　莎拉和外婆路過一個建築地盤,裏面的車輛和工作人員熙來攘往、忙個不停。

　　「那部起重機怎麼能舉起如此沉重的東西呢?」

　　「哦,起重機會運用平衡錘裝置來抵銷它的負重量。那有點像玩蹺蹺板時,需要兩個人各自在板的兩端才能保持平衡!」外婆解釋說。

「那麼，為什麼那輛車子將那麼多沙子推來推去？」莎拉一邊問，一邊指着一輛車子。

「那是堆土機。它會用巨大、寬闊的推土鏟，將沙子或泥土從一個地方搬到另一個地方。」

推土鏟

履帶

莎拉看見地上出現了一個影子，那是飛機形的。她好奇問：「外婆，飛機怎麼能飛起來呢？」

「哈哈，你可要等着瞧了。」外婆一臉神秘地說。

兩人繼續走，經過一個嘉年華會。
正有一列過山車轟然駛過，接下來竟然上
下顛倒了！

「外婆，過山車上下顛倒時，
為什麼不會從軌道上掉下來？」

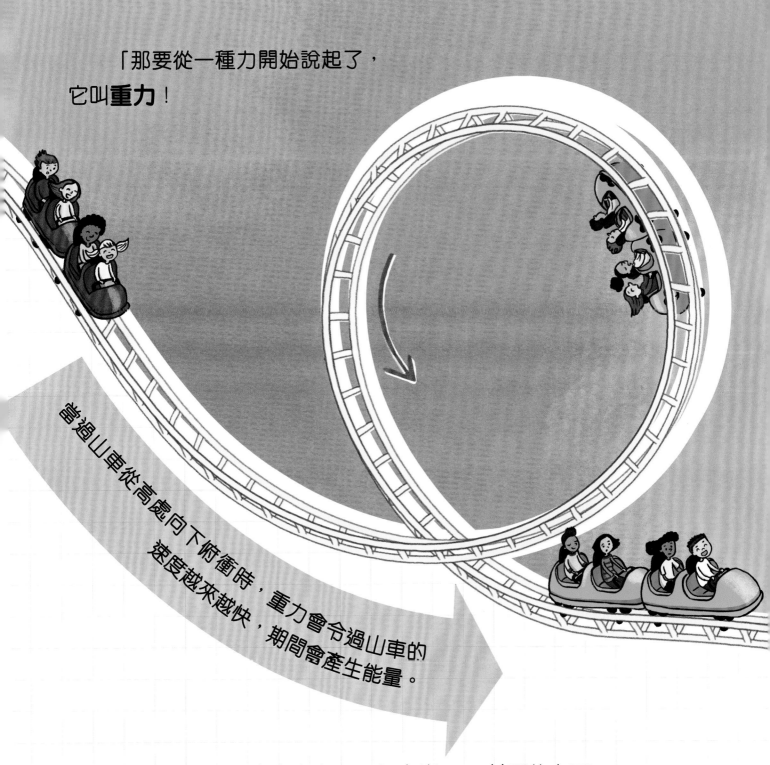

「那要從一種力開始說起了，它叫**重力**！

曾過山車從高處向下俯衝時，重力會令過山車的速度越來越快，期間會產生能量。

這種能量會推動過山車爬上另一個高峯——甚至能上下翻轉地繞圈子！」

莎拉和外婆來到商場，她們乘搭扶手電梯往上走。莎拉盯着不斷移動的梯級，希望能看穿梯級的下面藏了什麼。

「外婆，扶手電梯是如何運作的呢？」

電動機

鉸鏈
由電動機推動的鏈子會拖着梯級一同移動。

「它們就像升降機那樣使用了電動機，不過這電動機推動的不是滑輪，而是一條大鏈子。就像你單車上的鏈條一樣！」

外婆到書店拿取了一些她預訂了的書本，
並將書本放進手推車裏。

「我知道為什麼你要帶手推車來了。」莎拉說，
「用輪子拉着沉重的東西移動，會輕鬆得多呢！」

她們在商場的咖啡店裏小休一會，莎拉好奇地問：
「Wi-Fi 是什麼意思呢？」
「Wi-Fi 是一種技術，能夠將資訊傳送到世界各地，而不需要接駁網絡線纜！相反，它利用的叫做**無線電波**。」

免費 Wi-Fi

無線電波是由一位名叫**海蒂‧拉瑪**（Hedy Lamarr）的美國女演員參與發展和應用的。她和好朋友**喬治‧安塞爾**（George Antheil）合作，創造出一套「秘密通信系統」。

秘密通信系統利用無線電波，能將資訊用密碼形式傳送出去，而不會被他人破解。軍方其後運用這套系統來傳送最高機密信息。那樣，敵軍便無法明白這些信息了！

「海蒂似乎很聰明呢！」莎拉說。
外婆點點頭說：「她是一位出色的工程師，熱愛解決難題！」

兩人等候巴士離開時，外婆指向駛過的汽車說：「我給你介紹另一位厲害的女工程師。那些汽車之中，最少有一輛是由她製造出來的！」

艾麗西婭·博勒·戴維斯（Alicia Boler-Davis）從小就已經很喜歡解決難題，和了解事物如何運作。如果家裏的熨斗或洗衣機故障了，她便會研究如何將它們修理好！

每到聖誕節，艾麗西婭甚至代替父母，為弟妹將新玩具組裝好。

艾麗西婭的老師建議她應該當一位工程師，不過當時她並不知道工程師是什麼。但當她了解之後，就馬上確立了這個目標。

艾麗西婭之後到通用汽車公司工作，專門解決機械的問題，讓汽車行駛得更順暢。她最終管理多達150間汽車工廠！

「嘩！聽起來她和我很相似呢。我也喜歡創建不同的事物！」莎拉說。

「說到汽車……」外婆說，「你知道汽車早於500年前便發明了嗎？不過直至100年前，第一輛汽車才真正被製造出來呢！」

「什麼？」莎拉說。

「嗯，那其實比較像一輛小型賽車。」

大部分人都是透過名畫認識**達文西**（Leonardo da Vinci）的，其實他也是一個發明家，曾精心設計很多驚人的發明呢。

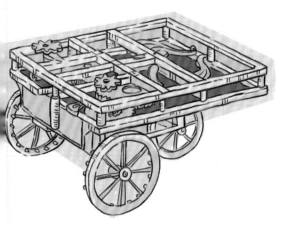

達文西發現劇院人員難以將沉重的道具到處搬動，於是他發明了一輛利用彈弓推動的「自走車」。它毋須人力推動，那就能解決這個難題了。

他也夢想一試飛行的滋味，所以繪畫出世界上第一個降落傘的設計圖。那是一個木頭金字塔，外面有布覆蓋着。

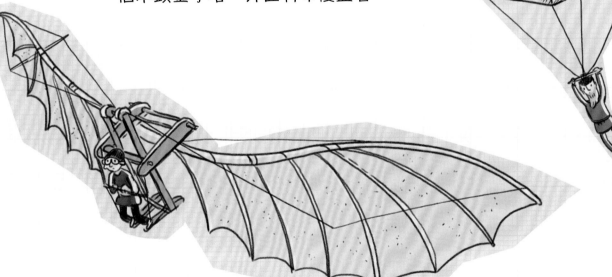

達文西更設計了「撲翼飛行器」，它與我們現今乘坐的飛機也沒有很大分別。不過他實際上從未將這飛行器建造出來！

「你看見那幢摩天大樓嗎？」外婆問。

莎拉抬頭往上看……再往上……再往上……大樓太高了，她竟無法看見樓頂！

摩天大樓是一位名叫**法茲勒·拉赫曼·汗**（Fazlur Rahman Khan）的建築師設計出來的。他希望找出一個好方法去建築高樓大廈，不過首先他必須解決一個難題：如果建築物太高，強風和地震會令建築物受損，甚至將它摧毀。

1963 年，法茲勒發明了一種新方法，令高樓大廈由外圍框架支撐。他設計的結構此後更被採用到大部分摩天大樓上！

莎拉和外婆一邊聊着，一邊登上了巴士。

莎拉看見一個叔叔氣喘吁吁地騎着單車爬上斜坡，非常吃力。「外婆，為什麼他走得這麼慢呢？」她問，「我們坐的巴士比他快得多了！」

空氣阻力
移動中的物件面對的阻礙力。

重力
將所有物體拉向行星中心的力。

「那又是重力在作怪，將他的單車往下拉，此外還有空氣阻力阻擋着他呢！所以，踏單車上斜坡比往下走要慢得多了。」外婆說。

「不過巴士有引擎推動車輪，令它能更快地爬上斜坡。單車手只能靠他的一雙腿去驅動單車。來吧，我們要下車了。回家之前我們還有一個地方要到訪呢！」

「**我們在機場**！」莎拉興奮大叫起來。

她從末試過這麼接近地觀察一架飛機呢！

一名技術人員從卡車上跳下來，然後從卡車拉出一根長長的管子。她將管子固定在飛機下方的一個插槽裏，替飛機注滿汽油。

「原來飛機就像汽車和巴士一樣會使用汽油。」莎拉說，「不過它們怎麼會**飛起來**呢？」

「飛機確實和其他交通工具一樣運用引擎，不過機翼也非常重要呀。飛機的機翼符合**空氣動力學**，那就是說空氣在機翼上方流動得比下方快，所以上方壓力比下方小，這能產生巨大的力量將飛機往上升。你也覺得很不可思議吧？」

「外婆，你怎麼會知道那麼多關於飛機的事情呢？」莎拉問。

「我是負責設計飛機的啊。我是一個**工程師**，
就像我之前介紹給你的那些人物一樣！

那真是最美好的工作！我能夠製
作新的事物，解決各種問題。

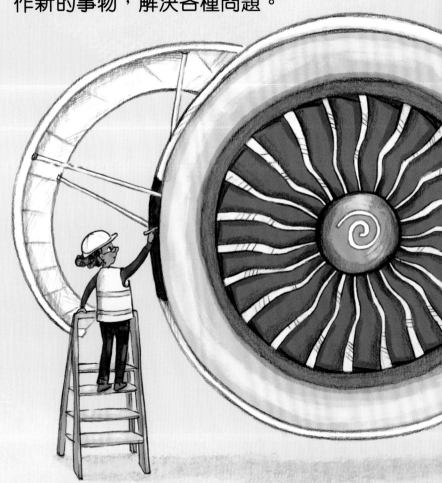

當一個工程師最重要的是堅持——不斷嘗試，
也常常要面對挫敗，直至你成功為止！」
莎拉會心微笑地說：「我還有一個問題呢，外
婆……」

「我如何能像你一樣
成為一位工程師呢？」

工程師有許多不同種類，
不過他們全都會帶着好奇
與驚嘆之心，來觀察周遭
的事物。

所以你可以花一點時間停下來，
仔細觀察你身邊的所有東西，並
提出相關的問題。

28

為什麼雨水會從某些物料上流走，但會被某些物料吸收？

為什麼熱呼呼的食物會漸漸變冷？

當你把物件掉落地上時，為什麼有些東西會破掉，有些東西會反彈？

當我們更全面地了解所居住的世界，我們便有提升和改變世界的能力，甚至為自身的問題找到答案。

那正是工程師最擅長的！

工程師如何解決難題？

假設要挑戰從高處扔下一隻雞蛋而不可以將它弄破，工程師會創建、測試和實驗一些構思，試圖解決這難題。

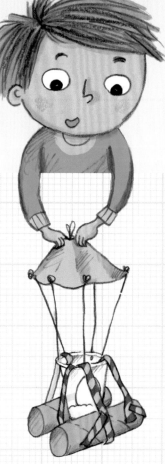

你會利用家中隨處放的物料來製作什麼東西呢？

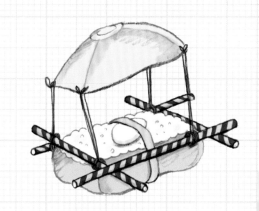

在日常生活中，硬卡紙、紙張和塑膠往往被丟棄，但工程師會把這些物料循環再用，來發明新事物及創作模型。

難題與挑戰會以各種
各樣的形式出現。

有時候要找到答案並不
容易，所以別害怕繼續
嘗試。

記着，找出什麼方法行
不通，和發現什麼方法
行得通，都對我們的學
習有所得着。

來探索你自己的想法，
自由發揮你的想像力吧！

出色的工程師能讓世界變得更美好！

謹將本書獻給媽媽、索拉雅、夏琳，當然還有爸爸——我最喜愛的工程師、令我投入工程學的啟蒙。

謝謝你們的支持和疼愛。

辛妮・索馬拉

致我的兒子——他是紙飛機與航空專家，也是我最大的靈感。

納迪婭・薩雷爾

夢想STEAM職業系列

我是未來工程師

作　　者：辛妮·索馬拉博士（Dr. Shini Somara）

繪　　圖：納迪婭·薩雷爾（Nadja Sarell）

翻　　譯：羅睿琪

責任編輯：黃楚雨

美術設計：劉麗萍

出　　版：新雅文化事業有限公司

　　　　　香港英皇道499號北角工業大廈18樓

　　　　　電話：(852) 2138 7998

　　　　　傳真：(852) 2597 4003

　　　　　網址：http://www.sunya.com.hk

　　　　　電郵：marketing@sunya.com.hk

發　　行：香港聯合書刊物流有限公司

　　　　　香港荃灣德士古道220-248號荃灣工業中心16樓

　　　　　電話：(852) 2150 2100

　　　　　傳真：(852) 2407 3062

　　　　　電郵：info@suplogistics.com.hk

印　　刷：中華商務彩色印刷有限公司

　　　　　香港新界大埔汀麗路36號

版　　次：二〇二一年七月初版

ISBN: 978-962-08-7809-1

Original Title: *An Engineer Like Me*

First published in Great Britain in 2020 by Wren & Rook

Copyright © Hodder & Stoughton Limited, 2020

All rights reserved

Traditional Chinese Edition © 2021 Sun Ya Publications (HK) Ltd.

18/F, North Point Industrial Building, 499 King's Road, Hong Kong

Published in Hong Kong, China

Printed in China